Collection Ch. LEMIRE

OBJETS D'ART

ET

D'AMEUBLEMENT

Annamites, Tonkinois et Chinois

DIVINITÉS BOUDDHIQUES ET BRAHMANIQUES

ARMES, USTENSILES, ÉTOFFES

BRONZES, PORCELAINES, POTERIES, INCRUSTATIONS

ETC. ETC.

Dont la vente aux enchères publiques aura lieu

Galerie DURAND-RUEL

11, RUE LE PELETIER

Les Vendredi 21 et Samedi 22 juin 1895

A DEUX HEURES PRÉCISES

Me M. DELESTRE	M. S. BING
COMMISSAIRE-PRISEUR	EXPERT
27, Rue Drouot, 27	22, Rue de Provence, 22

EXPOSITIONS

PARTICULIÈRE	**PUBLIQUE**
Le Mercredi 19 juin	Le Jeudi 20 juin

de 1 heure à 6 heures

Le présent catalogue servira de carte d'entrée à l'exposition particulière

IMPRIMERIE ARTISTIQUE

E. MÉNARD & Cie

Bureaux et Ateliers: PARIS — 8, RUE MILTON

Collection Ch. LEMIRE

OBJETS D'ART

ET

D'AMEUBLEMENT

Annamites, Tonkinois et Chinois

DIVINITÉS BOUDDHIQUES ET BRAHMANIQUES

ARMES, USTENSILES, ÉTOFFES

BRONZES, PORCELAINES, POTERIES, INCRUSTATIONS

ETC. ETC.

Dont la vente aux enchéres publiques aura lieu

Galerie DURAND-RUEL

11, RUE LE PELETIER

Les Vendredi 21 et Samedi 22 juin 1895

A DEUX HEURES PRÉCISES

Mᶜ M. DELESTRE	M. S. BING
COMMISSAIRE-PRISEUR	EXPERT
27, Rue Drouot, 27	22, Rue de Provence, 22

EXPOSITIONS

PARTICULIÈRE	**PUBLIQUE**
Le Mercredi 19 juin	**Le Jeudi 20 juin**

de 1 heure à 6 heures

*Le présent catalogue servira de carte d'entrée à l'exposition
particulière*

CONDITIONS DE LA VENTE

Les acquéreurs payeront en sus des adjudications *cinq pour cent.*

La vente sera faite *expressément* au comptant.

L'exposition mettant le public à même de se rendre compte de l'état des objets, il ne sera admis aucune réclamation une fois l'adjudication prononcée.

AVIS

M. Ch. LEMIRE se tiendra, dans les salles d'exposition, à la disposition des personnes qui désireraient être renseignées sur les objets exposés.

Paris. — Imp. artistique E. Menard & Cie, 8, rue Milton.

AVANT-PROPOS

L'art chinois et l'art japonais qui lui est bien supérieur
ont depuis nombre d'années conquis droit de cité en
Europe. De précieuses collections privées et publiques
passionnent les érudits et le goût de cet art exotique et
bizarre a pris faveur dans le public et s'est rapidement vul-
garisé, à mesure que nos relations devenaient plus fré-
quentes et plus faciles avec la Chine et le Japon.

Plus récemment l'occupation de l'Annam-Tonkin a
révélé l'existence d'un art Indo-Chinois dérivé de la Chine;
mais qu'on a trop négligé pour deux raisons : c'est qu'il ne
se présentait pas toujours avec les qualités artistiques des
objets similaires du Céleste-Empire et qu'il laissait quel-
quefois voir des défauts et un manque de fini qui trahis-
saient l'infériorité des producteurs. Cependant cet art est
très personnel à ce pays qui tient de l'Inde et de la Chine
surtout.

D'autre part, on s'éprend plus facilement en France de
ce qui est exotique et étranger plutôt que des produits des
pays français et l'on se refusait à donner à l'art Indo-
Chinois la place qui devait lui revenir dans les collections
orientales de la métropole qui y exerce son protectorat.

Les œuvres provenant de l'Annam-Tonkin ne sont
pourtant pas sans mérite réel. Il était donc utile d'en mon-
trer un ensemble varié de nature à faire mieux connaître

un peuple qui compte plus de vingt millions d'âme est dont les arts et les cultes anciens et modernes offrent un grand attrait.

Les collections que nous présentons ont été réunies pendant un séjour de 15 ans en Indo-Chine, pièce par pièce. avec méthode et persévérance et à grands frais.

Elles se composent de deux parties : la première comprend l'art décoratif indo-chinois. Il est divisé en sections relatives à l'ameublement et à la décoration des habitations des mandarins ou des notables. Les meubles modernes ont été exécutés en Annam pour les Expositions de 1889 à Paris et de 1894 à Lyon. Ils constituent spécialement le mobilier propre à un cabinet de travail, à un salon. à une salle à manger etc. Les meubles anciens représentent les travaux de sculpture du bois dur, de l'ivoire et de l'incrustation. spéciaux aux tonkinois.

Pour la décoration intérieure les gongs avec leurs supports. les armes avec leurs rateliers sculptés, les bronzes et niellures, les Kakémonos, les écrans de plumes. font les ornements de vestibules ou de galeries et vérandahs.

Les incrustations de toute sorte, les porcelaines. les étoffes. les ivoires. les monnaies, forment des sections intéressantes ; mais la plus importante est celle des émaux de Hué dont l'art est *perdu* et dont il est très difficile de se procurer des spécimens. Les pièces en sont très variées.

La seconde partie est celle de l'art religieux. Elle se compose de statues et d'objets afférents aux deux cultes : le culte boudhique et le culte brahmanique indo-chinois.

Cette collection offre un intérêt historique et archéologique. Le peuple annamite observe le culte des ancêtres en même temps que le boudhisme. Mais avant lui l'Annam était habité par le peuple Kiam qui pratiquait le Civaisme. De là deux civilisations, deux cultes, deux arts, l'un d'origine indoue, l'autre d'origine chinoise, en présence sur le même territoire. Ce sont ces deux arts qui nous sont, pour la première fois, présentés dans leur ensemble et qui sont mis en parallèle d'une façon absolument authentique.

D'une part les chapelles laraires, les statues boudhiques, la série des Ho-phap, le Saint-Michel de l'Annam, dans ses transformations et tous les objets des offices et des sacrifices.

D'autre part, les statues brahmaniques de pierre et de bronze. Ces dernières remontent à seize siècles et proviennent de fouilles à proximité des ruines des monuments Kiams dispersés dans les forêts.

Des notices ont été publiées sur ces monuments et sur ces statues qui nous montrent des Brahmas en pierre, un Brahma à cinq têtes en bronze vert, la déesse Uma (Parvati) etc. etc.

Parmi les objets boudhiques, il faut signaler un vase taillé dans une seule pierre dure et recouvert des sculptures symboliques. — Un panka (écran) en bois précieux composé de deux panneaux qui représentent l'introduction des premiers européens à la cour d'Annam et qui remonte à 1650. — Une tête Khmer, la seule relique de la domination des Khmers en Cochinchine etc... etc...

Le catalogue donne le détail de ces statues et de ces objets et la nomenclature des bronzes et des armes provenant de l'Annam et du pays des Sédangs.

Avec la série des broderies anciennes servant aux cérémonies et aux autels, nous voyons des broderies modernes pour la décoration des salles de réception. Aux belles étoffes de Chine, s'ajoutent des étoffes laotiennes très variées qui étaient encore inconnues en France. Des robes de cour et un écran brodé de Chine complètent cette section.

Les défenses d'éléphant pour panoplies, les cachets et ivoires sculptés reproduisent un art qui tend aussi à disparaître complétement.

Les bijoux d'or, les boîtes et objets d'argent repoussé sont des spécimens d'orfévrerie chinoise, annamite, laotienne et cambodgienne.

Aux porcelaines anciennes à l'usage spécial de l'Annam s'ajoutent quelques services à thé de Chine et du Japon, de fabrication moderne.

Enfin l'imagerie Annamite est représentée, par une série d'enluminures (ou Kakémonos) sur.toile ou sur papier qui indique où en est l'art de la peinture et du dessin chez ce peuple et fait saisir sur le vif les mœurs de ces populations.

Tel est l'ensemble de ces collections qui nous montrent d'une façon complète l'art décoratif et religieux, ancien et moderne en Indo-Chine. Il nous révèle l'existence des deux civilisations si différentes qui se sont succédé dans ce pays. Il nous démontre que ces œuvres peuvent offrir à l'art décoratif français de nouvelles formes et des motifs de style oriental pouvant être utilisés dans les nouveaux modèles qui sont dans le goût actuel.

En outre, la plupart de ces objets ont leur utilité dans les usages de la vie, comme ameublement, comme ustensiles et comme ornement de nos habitations.

Lorsque le regretté Président Carnot visita ces collections, l'an dernier, avec les ministres, il fit remarquer qu'elles constituaient une démonstration des arts décoratifs indo-chinois et une révélation des civilisations passées et actuelles de ce pays : « cette démonstration, disait-il, si neuve « et si curieuse, présentait d'autant plus d'intérêt qu'il « s'agissait de pays français dont les œuvres artistiques « prouvent l'existence d'un art colonial qui n'est qu'une « branche de l'art national ».

« Cet art, disait M. Jouin, secrétaire de l'école des Beaux-« arts, est lointain par sa date d'origine, par l'éloignement

« des pays d'où il provient; mais en vérité très proche de
« notre esprit moderne dans ses admirations les plus éle-
« vées; il est vraiment suggestif pour tous ceux que les arts
« anciens ne laissent pas indifférents. »

Juin, 1895.

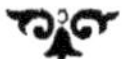

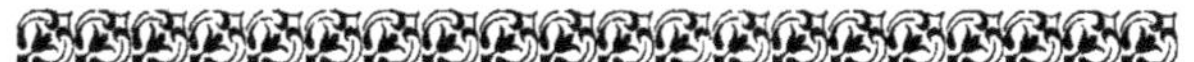

DÉSIGNATION

MEUBLES ET BOIS SCULPTÉS

1 — Colonne en bois de jacquier. Annam.

2 — Grand vase à encens et colonne en jacquier. Annam.

3 — Vase en jacquier, style flamboyant des pagodes, et colonne sculptée en trac et gô. Annam.

4 — Petit meuble en bois de trac et de gô. Hué.
Encrier et plumier en jacquier. Cambodge.

5 — Char du Bouddha Khmer, bois sculpté, laqué et doré. Haut Mékong.

6 — Écran de pagode à quatre panneaux laqués à deux ors, fleurs et caractères anciens. Tonkin.

7 — Deux autels laraires en bois laqué et doré et tablette des ancêtres. Tonkin.

8 — Bahut en bois noir sculpté. Annam.

9 — Meuble en trac ajouré garni de cuivre. Hué.

10 — Grand meuble en jacquier et gô. Qui-Nhon.
(Médaille d'argent, Paris 1889.)

11 — Bahut en ébène incrusté et ivoire ajouré. Tonkin.

12 — Bibliothèque en gô et sao. Annam.

13 — Trois cadres sculptés et laqués.
Crédence en jacquier.

14 — Table de toilette à fronton peint à Canton, en jacquier laqué et doré. (démontable.)

15 — Deux panneaux sculptés et peints :
Panka de pagode de 1650. — Introduction des pre-
miers Européens à la cour de Hué. Chôlôn.
(Pièce très rare.)

16 — Divers coffrets et boîtes en bois sculpté et ajouré.
Annam.

17 — Quatre panneaux sculptés et sept chimères. Nghé-an.

18 — Grande bibliothèque étagère sculptée et peinte. Faïfo.

19 — Armoire· sculptée à fronton, panneaux mobiles.
Faïfo.

20 — Bahut en gô sculpté et incrusté.

21 — Trois supports de gong en jacquier sculpté. (A vendre séparément.)

22 — Table démontable laquée et trois supports de gong. Annam.

23 — Quatre statues de génies, bois peint. Sontay.

INCRUSTATIONS

24 — Grand bahut incrusté, ancien. Hué.

25 — Bahut ancien incrusté à colonnettes d'ivoire. Hué.

26 — Boîte à ouvrage finement incrustée, ronde à compartiments. Hanoï.

27 — Quatre boîtes carrées. Hué.

28 — Quatre boîtes carrées avec incrustations en relief.

29 — Deux croix incrustées en relief. Ké-So.

3o — Quatre boîtes carrées, dont deux à coins d'argent. Tonkin.

31 — Petites boîtes, plateau, coffret long. Tonkin.

32 — Trois coffrets, trois boîtes à cigarettes, une racine de bambou incrustée. Tonkin.

33 — Tableau d'autel, coupe-papier, psyché encadrée. Tonkin.

34 — Quatre coupes incrustées garnies d'argent. Nam-Dinh.

35 — Boîte longue à incrustations en relief. Nam-Dinh.

OBJETS D'AMEUBLEMENT — IVOIRES — ÉCAILLE

36 — Cabinet annamite garni de cuivre. Inscription de maison dédiée au roi Tuduc.

37 — Lot de cadres en bois de jacquier sculpté.
Éventails. — Pupitre à écrire pour dame, laqué à figurines. — Cabinet japonais laque et marqueterie.

38 — Matelas cambodgien pliant. — Oreiller en bambou effilé. — Deux chasse-mouches crin blanc. — Stores peints.

39 — Boîte officielle de mandarin en laque noir. — Table royale laque noir et or. — Tonkin.

40 — Deux boîtes, deux vases à fleurs, nattes diverses.
Boîte et panneaux en bambou à fleurs. Sontay.

41 — Trois cachets, de mandarin, de général, de simple
particulier, et un morceau d'ivoire pour cachet. — Annam.
Trois cuillers à manches sculptés.
Quatre couteaux manche ivoire, virole argent, un
couteau manche corne, virole argent.

42 — Deux boîtes ivoire, presse-papier, bâtonnets, pilon à
arec, supports de hamac. — Annam.

43 — Cornet d'ivoire, broche et boucles d'oreilles, pomme
de canne, service à thé de cinq pièces.
Porte cure-dents finement sculpté avec inscriptions.
Netsukés de Hué.

44 — Trois boîtes écaille, une bonbonnière et un coupe
papier. — Annam.

45 — Boîte à gants en santal sculpté. Boîte à ouvrage
hexagonale en laque. Trois porte-cartes. Chine.

46 — Grand écran brodé sur pied sculpté. Chine.

47 — Table en marbre et bois noir incrusté.

48-49 — Deux paires de grands vases.

50-51 — Deux paires de vases.

ICONOGRAPHIE ANNAMITE

52 — Collection de personnages et de vues peints sur calicot, environ trente pièces.

Kakémonos. — Scènes diverses peintes sur papier, environ vingt pièces. Chine et Annam.

Menus sur papier, cent pièces.

HABILLEMENT

53-56 — Lot de robes, chaussures, coiffures, de provenances chinoise, annamite, laotienne, parmi lesquelles une magnifique robe royale annamite et une robe de la cour de Hué.

ÉTOFFES ET BRODERIES

57-71 — Important lot de tentures brodées, tissus mois et laotiens, glands et pendentifs, panneaux, tapis, etc., étoffes en pièces.

MONNAIES ET MÉDAILLES

72 — Collection de monnaies anciennes et modernes de tous les pays de l'Extrême-Orient.

BIJOUX

73-79 — Lot de beaux bijoux et objets en métaux précieux, d'origines annamite, tonkinoise et chinoise.

ARMES

80 — Seize pavillons, dont huit annamites et huit tonkinois.

81 — Sabre de grand mandarin, poignée en vieil ivoire,
garde niellée, fourreau en trac incrusté garni d'argent
repoussé. Lame avec caractères en or.

82 — Deux sabres de grand mandarin. Monture en bronze
niellé d'argent et de cuivre noir. Hué.;

83 — Épée de princesse. Poignée d'ivoire ancien avec
cachet. Niellures d'argent et cuivre noir à la garde.
Monture d'argent repoussé. Poignées et lames doubles.
Hué.

84 — Épée de princesse. Poignée en corne de buffle ou-
vragée. Même monture. Deux lames. Hué.

85 — Épée de princesse. Poignée en bois sculptée. Une
lame. Même monture. Hué.

86 — Sabre de chef des Moïs. Longue poignée en cuivre
ouvragé. Fourreau en bambou. Bonne lame forgée par
les Sedangs.

87 — Deux sabres moïs. Poignées garnies de cuivre.

88 — Seize boucliers annamites ou moïs, et diverses lances des Sedangs.

89-101 — Important lot d'armes annamites, tonkinoises, moïs, sedangs, laotiennes, comprenant fusils, sabres, canons, lances, poignards, arcs, arbalètes, flèches, sagaies de Nouméa, etc.

USTENSILES

102-107 — Important lot d'ustensiles divers, écrans, éventails, pipes, corbeilles, hamacs, lanternes, etc., de provenance annamite, chinoise, tonkinoise et laotienne.

INSTRUMENTS DE MUSIQUE

108-113 — Deux guitares et un violon annamites, deux guitares et une flûte moïs, un tam-tam et douze gongs de formes variées.

NAVIGATION ET PÊCHE

114-116 — Un lot de modèles des diverses embarcations tonkinoises de pêche et de commerce.

117-118 — Deux paires de défenses d'éléphant mâle montées sur socle, une paire de défenses d'éléphant femelle et deux dents d'éléphant.

PRODUITS D'ANIMAUX

119 — Deux paires de corne de cerf. Annam.
Paire de cornes de buffle. Annam.

120 — Griffes de tigre. Annam.
Trois têtes de tortues. Nouvelles-Hébrides.
Coquillages. Vinh.
Cuillers en coquillages. Vinh.
Collection de papillons. Vinh.

121 — Douze plumes d'argus pour acteurs. Vinh.
Six queues de paon. Annam.

122 — Peau de tigre. Annam.
Peau de panthère. Annam.

PORCELAINES ET FAIENCES

123 — Vases à vin de noces, trois vases en losange, pieds
laqués. Tonkin.

124-126 — Paires de grands vases porcelaine du Japon.

127 — Deux vases ronds et cinq vases bleus. Annam.

128 — Six vases annamites.

129 — Quatre coupes et une paire de vases bleus hexago-
naux. Annam.

130-134 — Plats porcelaine bleue. Annam.

135 — Deux jardinières faïence chinoise ajourée et deux compotiers. — Pièces diverses.

136 — Assiettes de table et assiettes à dessert. Porcelaine annamite.

137 — Service à café en porcelaine de Chine.

138 — Grands bols du Japon.

139 — Service de toilette en porcelaine de Chine.

140 — Service à thé en porcelaine du Japon.

141 — Service à thé (quatre tasses) en coco sculpté garni d'argent. Chine.

142 — Plateaux en laque du Japon.

143 — Deux services à thé en marbre. Tourane.

144 — Théière. Soucoupes bleues. Soucoupes anciennes Annam.

145 — Deux théières, trois tasses, trois soucoupes, un vase à vin rituel. Annam.

146 — Une théière et six tasses, dont une très ancienne. Chine et Japon.

147 — Deux petites théières. Un éléphant. Annam.

148 — Cortège de mandarins (dix-sept personnages) et troupe d'acteurs, (dix personnages). Annam.

149 — Deux assiettes royales. Plat vert très ancien.

15o — Quatre grands bols bleus, dont un très ancien.

151 — Deux soucoupes, deux compotiers à couvercles, quelques bols mortuaires pour le repos des morts.

152 — Deux porte-cigares, un vase carré bleu, un cornet bleu (cassé).

153 — Deux chats, deux dragons, une tasse fond rose, dix cuillers.

154 — Grand plat long; petit plat, petit vase vert foncé, deux cuillers, vierge en porcelaine blanche.

155 — Deux jardinières, une assiette royale et plusieurs tasses.

156 — Petite théière, bol fond vert vase à huit pans et petit vase carré, ajouré, très ancien.

157 — Petites tasses fines, soucoupes et supports, petit cornet à fleurs.

BRONZES ET NIELLURES

158 — Boîte ronde et chauffe-mains, bronze niellé d'argent et de cuivre noir. Annam.

159 — Chauffe-mains, pipe de chef bahnar, deux pipes des Moïs, brasero. Tonkin, Laos et Annam.

160 — Huit chandeliers de cuivre. Annam.

161 — Grand brasero. Nam-Dinh.

162 — Aiguière très-ancienne avec caractères votifs. Haut-Tonkin. Bronze ancien de style Indou.

163 — Deux bouilloires, trois plateaux et deux boîtes à bétel en cuivre ouvragé. Nam-Dinh.

ÉMAUX DE HUÉ (ART PERDU)

164 — Deux aiguières en cuivre émaillé. Hué.

165 — Grand plat rond et jardinière.

166 — Sept petites pièces, (boîtes, porte-cigares, tube à brevets.)

167-170 — Trente-trois petites pièces diverses, tasses, théière, supports, etc.

SCULPTURES EN PIERRE

171 — Deux Brahmas Kiam de la Tour de Tu-Tien. Annam.

172 — Quatre statuettes. Monuments Kiams.

173 — Tête Khmer en pierre d'Angcor, trouvée dans les
fondations du palais du gouvernement général, à
Saïgon.

174 — Lion en pierre pour délayer l'encre. Annam. Trois
plaquettes formées des cendres d'un roi cambodgien
moulées et dorées après la crémation. Cambodge.

175 — Vase taillé dans une seule pierre dure, avec sculptures symboliques. Hué.
Pièce très rare.

CULTE BOUDDHIQUE

176 — Bouddha Khmer, avec socle. Bois laqué et doré.
Haut-Mékong.

177 — Brûle-parfums, calice, vase à baguette. — Brûle-
parfums avec chandeliers et socle. Annam.

178 — Paire de brûle-parfums. Vase à encens. Nam-Dinh.

179 — Grand brûle-parfums. Trois pièces et socles. Annam.

180 — Grand brûle-parfums. Trois pièces, chandeliers et
socles. Annam.

181 — Brûle-parfums tonkinois.
Brûle-parfums japonais, bronze cloisonné et émaillé
sur aventurine.

182 — Trois brûle-parfums avec socle et chandeliers. Annam.

183 — Petit brûle-parfums et accessoires. — Quatre can-
délabres (grue et tortue). Annam.

184 — Bouddha assis enseignant (bois). Deux bouddhas
en bronze doré. Annam.

185 — Cinq vierges. Porcelaine de Chine.

186 — Deux vierges bronze doré. — Annam. Bonze au front
bombé. Chine.

187 — Cinq statuettes du génie Hô-phap, en bronze.
Annam.

188 — Trois statuettes du génie Hô-phap, en bronze doré,
et une vierge sur un lion. Annam.

189 — Veilleurs et courriers. Cinq pièces bronze et bois.
Fleurs dorées pour autels bouddhiques. Annam.

190 — Six dragons faïence et porcelaine. Annam.

191 — Neuf statuettes ou objets sculptés en bois, bronze ou pierre. Annam.

192 — Douze statuettes en bronze, pierre ou porcelaine. Annam.

193 — Neuf statuettes, bronze ou bois. Annam.

194 — Dix statuettes, bronze, bois ou pierre. Annam.

195 — Sept bouddhas et deux statuettes en bronze doré. Annam.

196 — Statuette très ancienne de Bouddha, sur socle. Bronze doré. Annam. — Bouddha Khmer en cristal, sur socle. Cambodge.

197 — Cinq parasols, une déesse assise. en bronze doré. Tombeau de bonze en carton peint. Annam.

198 — Cinq statuettes en bronze doré. Annam.

199 — Bouddha sur un lion, génie noir cornu, en terre, et deux statuettes en faïence. Annam et Chine.

200 — Huit statuettes des ventrus et trois des maigres. Bronze et bois. Annam.

201 — Cinq statuettes de Hô-Phap, deux de déesse, et un
annamite en prière.

202 — Huit statuettes. Bronze, bois, et pierre. Annam.

CULTE BRAHMANIQUE

203 — Vingt statuettes des diverses divinités du culte
brahmanique. Brahma à cinq têtes en bronze vert. —
Civa. — Ganeça. — Parvati, etc.

NOTA. Ce lot formant un ensemble complet et précieux,
ne sera pas divisé.

OUVRAGES COLONIAUX, CARTES,
PHOTOGRAPHIES

204 — Collection d'ouvrages coloniaux, de cartes, de pho-
tographies de personnages, monuments et paysages
de l'Annam, du Tonkin, de la Cochinchine, de
l'Inde, etc.

www.ingramcontent.com/pod-product-compliance
Ingram Content Group UK Ltd.
Pitfield, Milton Keynes, MK11 3LW, UK
UKHW031714170726
13836UKWH00001B/232